L'Observateur

DES

BEAUX-ARTS.

ARTICLES

EXTRAITS DE CET OUVRAGE PÉRIODIQUE.

Par G. D. F.

A PARIS,

Au Bureau de l'Observateur, rue du Temple, n° 57.

IMPRIMERIE DE J. M. CHAIGNIEAU FILS, RUE MONTMARTRE, N° 121.
1828.

L'Observateur des Beaux-Arts, honoré des souscriptions de la Famille royale, paraît deux fois par semaine, en format grand in-quarto, et rend compte de toutes les nouveautés des *arts du dessin*, de *la musique*, de *l'art dramatique*, etc. — Le prix de l'abonnement est de 8 fr. pour trois mois, 15 fr. pour six mois, 28 fr. pour l'année.

L'Observateur

DES

BEAUX-ARTS.

* * *

ARTICLES

EXTRAITS DE CET OUVRAGE PÉRIODIQUE.

Par G. D. F.

A PARIS,

Au Bureau de L'Observateur, rue du Temple, n° 57.

IMPRIMERIE DE J. M. CHAIGNIEAU FILS, RUE MONTMARTRE, N° 121.

1828.

L'Observateur des Beaux-Arts, honoré des souscriptions de la Famille royale, paraît deux fois par semaine, en format grand in-quarto, et rend compte de toutes les nouveautés des *arts du dessin*, de *la musique*, de *l'art dramatique*, etc. — Le prix de l'abonnement est de 8 fr. pour trois mois, 15 fr. pour six mois, 28 fr. pour l'annee.

L'Observateur

DES

BEAUX-ARTS.

SCULPTURE.

Du Nu et du Costume.

C'est encore aujourd'hui une question non résolue que celle relative au costume moderne, dans la sculpture. Doit-il être adopté, modifié, rejeté? Ne doit-on pas toujours préférer le nu? Voilà le problème sur lequel nous osons hasarder quelques observations.

La plupart des statuaires grecs et romains ne faisaient aucune difficulté de représenter leurs héros sans voile et sans draperies. Il n'y avait guère dans la Grèce que les statues de Lucine qui fussent couvertes jusqu'aux pieds d'une draperie légère. On voila aussi les Grâces, pour faire entendre que la pudeur et la modestie donnaient un nouveau prix a leurs charmes.

A quoi faut-il attribuer cette préférence que les statuaires anciens donnaient au nu, préférence qui, du reste, fut une des causes des grands progrès de l'art?

La gymnastique était en honneur chez les anciens; l'athlète vainqueur était couronné avec pompe. Or, ces athlètes paraissaient nus dans les jeux qui assuraient leurs triomphes, et ce sont eux qui, les premiers, furent honorés par des statues. Pausanias (*lib.* 9), parle d'une statue des plus anciennes représentant l'athlète Arrachion , qui remporta l'un des prix aux olympiades 52°, 53° et 54°. Il était naturel de donner aux statues de ces athlètes la nudité qu'ils avaient dans les luttes. L'usage ayant ainsi consacré le nu , les dieux ou les héros que le ciseau eût à représenter par la suite ne furent pas davantage voilés.

D'ailleurs , et la chaleur du climat , et l'habitude de voir la nudité des athlètes, rendaient les Grecs et les Romains moins scrupuleux. Beaucoup de philosophes se présentaient en public sans autres vêtemens qu'un manteau et une espèce de caleçon; et , pendant les grandes chaleurs, les jeunes gens se tenaient presque nus dans les palestres.

Le nu , chez les statuaires anciens , paraît donc plutôt un effet de l'habitude , une conséquence des mœurs , qu'un principe de l'art , qu'une des règles du beau. Quand il en serait autrement, devrions-nous adopter aveuglément leurs idées à cet égard? faudrait-il reconnaître que le nu est une des conditions exclusives du vrai beau ?

Et d'abord , si le statuaire doit chercher ses modèles dans l'antiquité , faut-il que notre admiration , que notre respect aillent jusqu'à la trouver infaillible , jusqu'à ne plus sentir la différence des mœurs ?

Une statue n'est pas un vain ornement. Elle a pour objet, ou de fortifier le sentiment religieux , ou de servir de récompense nationale : elle est destinée à perpétuer l'image d'un héros , d'un grand homme ; le souvenir de ses belles actions , de ses vertus ; et c'est ainsi que l'art du statuaire s'unit à la religion , à la morale , à l'histoire.

Si cela est vrai , voyons l'artiste chargé , par exemple , d'élever l'image de la Vierge, celle d'une sainte, dans un de nos temples. Imitateur servile des Grecs , la fera-t-il nue , comme l'Algarde qui n'a pas plus drapé le beau corps de sa sainte Agnès , que s'il eût voulu représenter une Antromède? Il est évident ici que plus l'artiste aura réussi, que plus il aura rendu sa figure séduisante , et plus aussi il se sera éloigné du but. Il aura placé une Vénus dans le sanctuaire du vrai Dieu , et réveiller l'ardeur des passions dans les ames qui venaient pour s'élever vers la Divinité.

Mais que ce ne soit point une image divine que l'artiste ait à représenter ; c'est un monarque dans toute sa majesté , un héros brillant de gloire. Si l'artiste ne croit pas blesser la décence par la nudité , et dédaigne même la feuille de vigne ; s'il pense que dans les arts la nudité est loin de l'indécence , il se décidera donc à nous présenter Louis XIV, Voltaire , entièrement nus. Il ne craindra pas même de livrer à nos regards Fénélon dans un état de nudité.

Sans examiner ce que ces figures auraient d'inconvénant , demandons au statuaire comment il veut que la postérité , à laquelle ses images sont aussi destinées , pourra les reconnaitre , lorsque le vêtement ne fournira aucun indice. Pour obvier à cet inconvénient , ira-t-il , avec honte , écrire le nom au bas de la figure ? Où , comme quelques statuaires anciens , placera-t-il sur l'épaule , ou sur une autre partie du corps , ces fragmens de draperies dont sont défigurées quelques statues antiques , entr'autres celles de Pompée et de Marc-Aurèle ?

La statue de Voltaire fut vingt-cinq ans sans qu'on sût où la placer (1). Oui , mais, observe-t-on , c'est la maigreur plus que le nu lui-même qui rend cette statue repoussante ; les anciens avaient le bon goût de n'offrir à l'œil que de belles formes. — Eh ! si l'artiste avait donné à Voltaire un embonpoint qu'il n'avait point , il eût essentiellement manqué à la vérité. Donc, il fallait renoncer au nu, — Non, il y avait un autre moyen, c'était de représenter l'auteur de *la Henriade* sous un aspect mytholo-

____

(1) Elle est aujourd'hui à la bibliothèque de l'Institut.

gique. — Quel effet eût produit la tête décharnée du malin auteur sur le corps d'une figure allégorique ! Et combien est bizarre, en général, cet assortiment de têtes modernes et de corps antiques ! Qu'on en juge par l'Hercule en perruque de la Porte Saint-Martin. Cependant Louis XIV avait une belle tête, une figure noble. —C'est la perruque qui le rend ridicule, dites-vous encore.—Il est utile de remarquer ici cependant que cette perruque si choquante n'est placée là que pour les mêmes motifs que ces extraits de draperies le sont sur les figures antiques dont nous avons parlé. Il est présumable que si on la supprimait, on ne reconnaitrait plus Louis XIV, car l'on sait combien le costume, les habitudes du corps, et sur-tout la coiffure, ajoutent à la ressemblance. Si vous adaptez une tête moderne sur une figure nue, parfaite de forme, vous ferez presque toujours un ouvage choquant et sans harmonie. Pour obvier à cet inconvénient, il vous faudra composer avec la ressemblance, comme vous aurez composé avec le costume; alors vous n'aurez plus qu'un ouvrage d'imagination. Il existe quelque part une statue de marbre représentant l'Apollon du belvéder à laquelle on avait mis depuis une tête de Louis XV, et une Diane antique, sur laquelle on a placé la tête de Mme de Pompadour, et depuis celle de Mme Dubarry. Ces statues étaient, je crois, chez M. Bouret : rien de plus ridicule. Ces têtes, quoique assez belles, y figurent fort mal, abstraction faite même de la coiffure.

Quelqu'amour qu'on ait pour l'antique, on ne peut disconvenir que la tête de la statue connue improprement sous le nom de Germanicus, ne s'accorde assez mal avec le reste de la figure, dont les formes sont très-belles. Il est vraisemblable que cette statue, ainsi que celle dont nous venons de parler, avaient été faites pour orner le boudoir d'une petite maison et non pour être placée en public. Le Régent s'est fait peindre nu sous la figure d'Adam, avec

Mme de Parabère sous la figure d'Ève. Mais ce tableau de Santerre était aussi destiné pour un boudoir.

Les partisans du nu objectent que les draperies sont la ressource de l'ignorance. Non, dirons-nous; un artiste médiocre n'en impose à personne : une phalange, un orteil mal sentis, suffisent aux yeux d'un connaisseur pour déceler son incapacité. Convenons d'ailleurs qu'il y a beaucoup de talent à faire une draperie, sur-tout lorsqu'elle accuse le nu avec sentiment; convenons qu'une galerie remplie de figures nues serait d'une grande monotonie.

Faudra-t-il exclure le nu ?

Non; mais il devra être préféré dans les sujets mythologiques et allégoriques, même dans les sujets de l'antiquité.

Mais, dans tout sujet des temps modernes, que le costume lui imprime un plus grand caractère de vérité (1). Là, le nu blesserait la raison plus même que la décence; et si l'on imaginait encore de revêtir un héros moderne du costume antique, comme on vient de le faire pour Louis XIV (2) la critique reprocherait avec raison, à l'artiste, un anachronisme inexcusable. M. Petitot, en effet, a produit une statue romaine, et non le monarque français du 17ᵉ siècle.

Cependant une objection forte se présente ici. C'est la bizarrerie de certains costumes qui n'ont pas été adaptés aux arts, qui sont contraires au goût, qui offrent des disconvenances pittoresques. La mode a eu des caprices si ri-

______

(1) Dans la peinture, tous les anciens tableaux de l'Écriture sont inexacts pour les costumes. Albert Durer habille les juifs comme les Allemands de son pays. Les célèbres peintres de l'école de Rome ont mérité le reproche de s'être plus attaché au dessin, et ceux de l'école lombarde à la couleur, qu'à l'observation fidèle du costume. Mais le Poussin peut servir de modèle sous ce rapport.

(2) Statue de M. Petitot, pour la ville de Caen.

diculcs, elle a tant de fois outragé la nature en déparant ses formes harmonieuses! Comment nos statuaires représenteront-ils, par exemple, ces *dames et damoiselles* du temps de Charles VI, qui, suivant Juvénal des Ursins, « por- » taient des cornes merveilleusement hautes et larges, » ayant de chaque côté de grandes oreilles si larges que » quand elles voulaient passer par un huis, il leur était im- » possible d'y passer? » Comment représenter une dame du règne de Charles, avec un bonnet conique de trois pieds de haut et des manches si amples qu'elles traînaient à terre? Et ces hommes de la cour de Louis XI, aux cheveux plats, au pourpoint en forme de camisole, qui couvrait à peine les reims, dont la poitrine était élargie par des coussins et les pieds garnis de souliers dont la pointe avait jusqu'à deux pieds de longueur? Comment représenter l'homme du 17ᵉ siècle, avec l'ample perruque? Et les vertugadins, et les paniers, et les mules? Et, de nos jours même, quel costume pittoresque que celui d'une dame qui s'obstine à donner à son bras la forme d'un énorme gigot! Que celui d'un homme serré dans un habit mesquin et sans grâce, le col garni d'un linge sans lequel il passerait pour un goujat, toutes inventions dont les siècles futurs ne manqueront pas de rire aux dépens du nôtre, qui se croit celui des lumières!

Par amour pour la vérité faudra-t-il que le statuaire se rende complice des extravagances de la mode, et donne au marbre étonné les formes fantasques imaginées par la bizarre déesse? Faudra-t-il qu'il lui sacrifie la beauté des lignes, les règles des proportions, celles de la perspective et de la pondération?

Non, sans doute. Mais c'est au génie à faire d'autant plus d'efforts que la mode semble opposer de plus grands obstacles; un artiste veut offrir le Poussin à nos yeux. Il saisit à l'instant où, sortant nu de son lit, le peintre célèbre, dans l'enthousiasme d'une grande composition, s'est à moitié recouvert de son manteau, et s'occupe à esquisser sa pensée.

Ainsi l'un saisit son personnage dans le moment où l'enthousiasme, ou la passion, ou un tumulte change ou modifie un costume ridicule; un autre ajoute, retranche avec goût; un autre imagine une draperie qui cache un ridicule sous des plis heureux, et les grâces sourient à un ajustement qu'elles avaient jadis dédaigné. En général, nos statuaires ont aujourd'hui, sous ce rapport, une justesse de tact, une finesse de jugement dignes de servir de modèles.

Résumons. Le nu, pour les sujets antiques ou allégoriques; le costume vrai ou modifié, selon les lois du goût, pour les sujets, modernes telles sont, je crois, les règles que l'on peut adopter et qui semblent consacrées par nos meilleurs artistes.

PEINTURE.

Des illusions de la peinture au Diorama.

LE nom de *diorama*, emprunté à la langue grecque, signifie littéralement : *vue de jour*. Il désigne assez bien la nature du spectacle qui le porte, et qui se compose de *vues*, de *sites* et d'*intérieurs*, éclairés par le *jour naturel ;* mais d'une façon particulière.

Le spectateur, après avoir parcouru des corridors obscurs, est introduit dans une salle non moins sombre. Il aperçoit, à travers une large ouverture, semblable à celle d'une avant-scène de théâtre, un tableau d'une surface immense, dont il ne peut, d'aucun côté, découvrir les limites, et qui reçoit, avec une égale abondance sur toutes ses parties, la plus vive clarté du jour.

On conçoit déjà l'effet de surprise et d'illusion que doit produire sur l'œil ce contraste de ténèbres et de lumière. D'autres causes augmentent encore le prestige qu'il fait éprouver.

Le tableau est éloigné du spectateur, à une assez grande distance. L'air interposé agissant sur les tons de la peinture, comme il agit sur ceux des objets naturels, ajoute à leur fusion et à leur transparence, les *harmonise* entre eux, et leur donne cette vérité d'aspect général qui frappe d'abord les regards. Les vastes proportions du tableau concourent d'ailleurs à tromper la vue, par la grandeur extraordinaire qu'elles permettent dans l'échelle des objets représentés. Enfin, la distance considérable qui sépare le spectateur et le tableau, ne laisse plus distinguer au premier les signes d'un travail artificiel, et contribuc à le jeter dans l'erreur, en substituant à l'exactitude d'un examen *fait de près*, le vague d'un *aperçu lointain*, qui est, au reste, une ressemblance de plus avec la nature.

Mais de toutes les causes de déception que réunit le *Diorama*, la plus puissante est celle que nous allons tâcher d'expliquer à nos lecteurs.

Il est aisé d'abuser nos sens. Le jugement qui ne prononce que d'après eux partage leurs erreurs. De là l'illusion, qui nous fait croire à l'existence d'une chose qui n'existe pas réellement.

De tous nos sens, le plus facile à tromper est la vue. Cet organe n'exerce ses fonctions qu'avec incertitude. La grandeur, la couleur, et sur-tout la distance, ne peuvent être déterminées, évaluées par lui, sans un moyen auxiliaire; et ce moyen, c'est la *comparaison*. Chaque fois que ce secours lui manque, il est sujet à errer.

Tous les tableaux, quelque grands qu'ils soient, sont, dans notre usage actuel, immédiatement appliqués à un cadre, dont la forme et la couleur ne motivent en rien l'effet *imitatif*. La seule présence de cet entourage bizarre suffirait pour empêcher l'illusion; car l'esprit cherche en vain à se rendre compte de l'obstacle étranger qu'il éprouve à embrasser une scène plus étendue. Mais, non contens de cette première faute dans notre manière d'exposer les tableaux, nous les plaçons constamment au milieu des objets naturels, dont le voisinage nuit également à leur effet. L'œil, en les contemplant, reçoit, avec la leur, l'image de ces objets Alors plus de déception. A l'aide de ces termes de comparaison, l'esprit juge la grandeur, la couleur, et jusqu'à la distance. Tout lui paraît petit, rapproché, sans vérité d'imitation, parce que la nature est, de toutes parts, sous les yeux, et que la nature est toujours bien au-dessus de l'art.

Mais qu'en se portant sur un tableau, l'œil, arrêté par

un obstacle dont l'esprit se rend aisément raison, soit partout frappé d'une série d'images, toutes dans des proportions et des couleurs relatives ; que nulle part il ne puisse trouver un terme de comparaison ; alors il croira voir la nature, parce qu'elle n'est plus là pour le désabuser.

Telle est la principale cause de l'illusion produite par le *Diorama*. Le spectateur aperçoit le tableau exposé à travers une ouverture, qu'à sa forme et à sa couleur il peut avec raison prendre pour une baie quelconque, pratiquée dans un mur au-delà duquel il découvre un point de vue intéressant. Dès-lors, il conçoit sans peine l'obstacle naturel, qui limite l'étendue offerte à ses regards. Rien dans ce cadre du tableau, rien sur les côtés, rien au-delà ne fournit à l'esprit le moyen de comparaison. L'œil ne voit que le tableau, dont les grandes dimensions et l'éloignement favorisent l'effet. L'obscurité de la salle prête encore son secours au prestige. L'illusion doit être complète. Elle l'est au-dessus de toute expression.

D'après ce que nous venons de dire, nos lecteurs ont pu remarquer que le *Diorama* est une *véritable optique*, exécutée dans des proportions colossales, et perfectionnée dans la manière d'être éclairée, puisqu'elle l'est par le jour naturel. Les tableaux du *Diorama* de Paris ont de 5o à 6o pieds de largeur, sur 4o à 5o pieds de hauteur. Mais, quelles que soient ces vastes dimensions, et les autres supériorité du *Diorama*, il n'en est pas moins vrai que l'idée de ce bel établissement a sa source dans d'heureuses réflexions sur l'effet des *optiques* ordinaires.

La peinture, si habile dans l'imitation des formes et des couleurs, n'a pas le don d'imprimer le mouvement à celles des es productions qui devraient en offrir l'image. Cette impuisssance de l'art est plus sensible dans les tableaux du *Diorama*, en raison même de l'illusion parfaite qu'ils produisent sous tout autre rapport. En vain, par d'ingénieux procédés , la mécanique s'est-elle efforcée de faire mouvoir , dans ces tableaux , les nuages , les eaux et la lumière ; ces tentatives ont peu réussi. On n'a pas essayé de copier la marche des êtres animés , ni l'action du vent sur les arbres , et sur tant d'autres objets. Nous croyons que les tableaux d'intérieur conviennent beaucoup mieux au *Diorama* que les paysages ; ils n'offrent pas les mêmes écueils que nous venons de signaler ; l'esprit, plus satisfait, se prête à l'illusion avec un abandon plus entier ; et les personnes qui ont vu les tableaux du *Diorama* de Paris seront, sans doute, de notre avis.

C'est à MM. Daguère et Bouton que nous sommes redevables de ce nouveaux spectacle. Le talent de ces habiles peintres était avantageusement connu avant qu'ils exécutassent cette entreprise remarquable. Mais la beauté des tableaux qu'ils ont exposés aux regards du public a beaucoup augmenté leur réputation. Ils ont prouvé que leur pinceau n'était étranger à aucun des genres que peut employer le *Diorama*. Les éloges unanimes donnés à tant de belles productions d'effets admirables sont bien mérités. Il est impossible d'unir , aux moyens de succès que nous avons développés dans cet article , une exécution plus ferme et plus hardie , une plus grande vérité de couleur, une meilleure entente des effets ; et , en un mot, un plus grand nombre des parties essentielles de l'art.

On aime à voir se propager le goût de ces spectacles , qui donnent un nouveau relief à la peinture. Le *Néorama*, avec des moyens un peu différens , est aussi un chef-d'œuvre d'illusion , et place M. Alaux à côté des grands peintres auxquels nous devons le *Diorama*.

ART DRAMATIQUE.

De la Déclamation.

Ce n'est pas chez les anciens qu'il faut chercher les principes de la déclamation théâtrale. Leurs acteurs, montés sur des échasses , les traits couverts d'un masque, la voix accompagnée d'un instrument , de tels acteurs ne seraient que ridicules de nos jours.

En France , la déclamation fut bien long-temps un art ignoré. Etait-ce avec les ridicules mystères et les impertinentes moralités que cet art pouvait renaître ? Intimement lié aux lettres , c'est d'elles qu'il reçoit son impulsion , et tant que les lettres furent chez nous dans les ténèbres , il resta dans l'enfance.

Enfin , tant bien que mal , on commença à étudier la poésie dramatique dans les anciens modèles ; alors , dit naïvement Ronsard :

> Alors Jodelle heureusement sonna ,
> D'une voix humble et d'une voix hardie ,
> La comédie avec la tragédie ,
> Et d'un ton double, ores bas , ores haut ,
> Remplit premier le françois échafaud.

Mauvais était le poète , mauvais furent les acteurs.

Garnier ne fit guère mieux. Il voulut peindre l'amour incestueux de Phèdre. Mais comment Mlle Duchesnois , qui a été si souvent inspirée par les vers de Racine , l'eût-elle été par des vers tels que ceux-ci ; Phèdre s'adresse à Hippolyte :

> L'amour consomme enclos
> L'humeur de ma poitrine et dessèche mes os.

Il rage en ma mouëlle, et le cruel m'enflamme
Le cœur et les poumons d'une cuisante flamme ;
Le brasier estincelle et flamboie asprement
Comme il faict quant il rampe en un vieil bâtiment
Couvert de chaume sec, s'estant en choses sèches
Elevé si puissant de petites flammèches.

Alors on entendait aussi le bel Hippolyte faire l'invocation suivante dans un endroit de son rôle :

O beau soleil luisant, belle et claire planette
Qui pousses tes rayons dedans la nuit brunette !
O grand dieu perruquier, qui lumineux esteins, etc.

L'art de la déclamation attendit, pour éclore, le feu créateur de Corneille et de Molière. Baron parut ; il en trouva les secrets. Jusqu'à lui, le débit de l'acteur était lourd et cadencé ; il apprit à donner au sentiment un langage plus vrai, à trouver dans la voix des inflexions plus naturelles et par cela même plus touchantes. Champmêlé suivit ses traces, et son organe plein de charme fut digne des beaux vers de Racine.

Mais, dans la tragédie, Beaubourg, Mlle Duclos et quelques autres acteurs avaient éloigné la déclamation de la belle et noble simplicité qu'elle doit avoir. « Beaubourg, dit Dorat, gâté par les applaudissemens, s'abandonnait à une fougue monotone qui éblouit d'abord, et dut plaire à des spectateurs dont le goût émoussé demandait qu'on le réveillât à quelque prix que ce fût.... Il jouait tout du même ton et avec le même emportement ; nulles transitions, nul repos, nulle intelligence des contrastes. Son jeu était tout d'une pièce, et n'est échappé au mépris que par une chaleur désordonnée qui mélait confusément quelques beautés à d'horribles défauts. »

« Mlle Duclos, dit le même écrivain, introduisait dans la déclamation une espèce de musique et de chant qui en faisait un langage à part. Elle déclamait par octave, et l'on aurait pu noter ses inflexions. »

La sensible Lecouvreur, sans être exempte de ces défauts, se rapprocha davantage de la vérité. Lorsque Voltaire enrichit la scène de nouveaux chefs-d'œuvre tragiques, il avait lui-même l'habitude de réciter ses vers avec emphase; il prétendait que les vers tragiques voulaient, dans la déclamation, la même pompe que dans le style. Aussi Lekain, Clairon et Duménil, qui furent ses interprètes, n'étaient pas exempts de cette exagération de l'art; leur jeu avait aussi trop d'éclat, trop de fougue, pas assez de souplesse et de variété, et sur-tout une force qui, n'étant pas assez modérée, tenait plus de l'emportement que de la sensibilité.

Marmontel, homme de goût, profita de la confiance que Clairon avait en lui pour l'exciter à amener une réforme dans la diction et le jeu, en même temps que dans le costume. Il lui fit sentir que la déclamation, comme le style, peut être noble, majestueuse, tragique, avec simplicité; que l'expression, pour être vive et profondément pénétrante, veut des gradations, des nuances, des traits imprévus et soudains, qu'elle ne peut avoir lorsqu'elle est tendue et forcée.

Clairon commença par rechercher la vérité du costume. Elle joua Roxane au petit théâtre de Versailles, habillée en sultane, sans paniers, les bras demi-nus, et dans la vérité du costume oriental. L'accueil qu'on lui fit l'encouragea; lorsqu'elle reparut en public dans le même rôle, elle fit l'essai de cette déclamation simple, et elle y produisit un effet qui surpassa l'espérance. Le rôle d'Electre, que Voltaire lui avait fait déclamer avec une lamentation continuelle et monotone, parlé plus naturellement, acquit une beauté méconnue à lui-même, car lorsque Clairon le joua devant lui, suivant la méthode nouvelle, il s'écria, baigné de larmes et transporté d'admiration : *Ce n'est pas moi qui ai fait cela, c'est elle; elle a créé son rôle!* Et, en effet, par les nuances infinies qu'elle y avait mises, par l'ex-

pression qu'elle donnait aux passions dont ce rôle est rempli , c'était peut-être celui de tous ou elle était le plus
étonnante.

On reconnut dans ces changemens le véritable accent
tragique ; ils furent salutaires sur-tout aux acteurs qui ,
avec quelques talent , n'avaient pas , comme Lekain , ces
élans du génie, ces mouvemens d'une ame tendre et brûlante , qui portent naturellement au sublime , et font ou-
blier quelbues défauts.

Larive, dont la voix était si belle , qui avait si bien sur
la scène la majesté d'un roi ou l'éclat d'un héros, Larive
fut aimé souvent admiré ; mais il manquait d'inspiration ;
aussi fut-il loin de Lekain et de Talma.

Dans la comédie, on avait vu Préville qui , comme l'a
dit M. Tissot, était *comique de la tête aux pieds*. Dugazon,
qui lui succéda , excellait encore dans les rôles de Molière;
mais il aima mieux la cáricature. Grandménil, plein des
traditions de Molière, était admirable dans plusieurs des
rôles de notre grand comique. Orgon n'est plus.

Dans la haute comédie , Molé produisait l'illusion la
plus complète. Avec quelle supériorité il jouait le Misan-
trope ! Quelle éloquence lorsqu'il s'animait, lorsqu'il était
identifié avec le personnage ! Comme il savait remplir la
scène, entrainer les esprits ! Fleury resta loin de lui, parce
que Fleury devait plus à l'étude qu'a la nature. Cependant Fleury n'avait peut-être pas d'égal dans le persif-
flage et l'ironie.

Monvel excella dans la tragédie et la comédie. Doué de
beaucoup d'esprit et d'une ame de feu, il concevait ses rôles avec la plus rare intelligence , et les rendait avec
une verve entrainante. Sa diction rapide et simple était
parfaite, et peut servir de modèle , sur-tont dans la comédie.

Un homme qui avait une ame forte , une intelligence
profonde , un goût exquis , l'enthousiasme de son art , et

qui y laissera de long souvenirs, Talma, enfin, a long-temps fait briller sur la scène un talent que l'étude et le génie peuvent seuls donner.

Talma fut acteur par vocation. Lekain et Clairon avaient fait un pas vers le naturel, Talma alla plus loin. Il ôta entièrement à Melpomène le faste de la déclamation ; il chercha plus que jamais la grandeur dans le naturel et la simplicité, et Napoléon était le premier à l'applaudir. « Je ne puis trop louer, disait-il au tragédien, les formes simples et naturelles auxquelles vous avez ramené la tragédie. En effet, lorsque les personnes constituées en dignité, soit qu'elles doivent leur élévation à la naissance ou aux talens, sont agitées par les passions, ou livrées à des pensées graves, elles partent sans doute de plus haut, mais leur langage ne doit être ni moins vrai, ni moins naturel. »

Écoutons un autre juge dont le goût exquis et délicat ne mérite pas moins d'être consulté.

« Il me semble, dit Mme de Staël, que Talma peut être cité comme un modèle de hardiesse et de mesure, de naturel et de dignité. Il possède tous les secrets des arts divers ; ses attitudes rappellent les belles statues de l'antiquité ; son vêtement, sans qu'il y pense, est drapé dans tous ses mouvemens comme s'il avait eu le temps de l'arranger dans le plus parfait repos. L'expression de son visage, celle de ses regards, doit être l'étude des peintres. Quelquefois il arrive les yeux à demi-ouverts, et tout-à-coup le sentiment en fait jaillir des rayons de lumière qui semblent éclairer toute la scène. Le son de sa voix ébranle dès qu'il parle, avant que le son même des paroles qu'il prononce ait excité l'émotion. Lorsque dans les tragédies il s'est trouvé par hasard quelques vers descriptifs, il a fait sentir les beautés de ce genre de poésie, comme si Pindare avait récité lui - même ses chants. D'autres ont besoin de temps pour émouvoir, et font bien d'en prendre ; mais il y a dans la voix de cet homme je ne sais quelle magie qui, dès les premiers accens, réveille toute la sympathie du cœur. Le charme de la musique, de la peinture, de la sculpture, de la poésie, et par - dessus tout le langage de l'ame, voilà ses moyens pour développer, dans celui qui l'écoute, toute la puissance des passions généreuses et terribles.

» Quelle connaissance du cœur humain il montre dans sa manière de concevoir ses rôles !

» Lorsqu'OEdipe raconte à Jocaste comment il a tué Laïus sans le connaitre, son récit commence ainsi : *J'étais jeune et superbe.* La plupart des acteurs, avant lui, croyaient devoir jouer le mot *superbe*, et relevaient la tête pour le signaler. Talma, qui sent que tous les souvenirs de l'orgueilleux OEdipe commencent à devenir pour lui des remords, prononce d'une voix timide ces mots faits pour rappeler une confiance qu'il n'a déjà plus.

» Dans *Andromaque*; quand Hermione, insensée, accuse Oreste d'avoir assassiné Pyrrhus sans son aveu, Oreste répond :

> Et ne m'avez-vous pas,
> Vous-même, ici, tantôt, ordonné son trépas ?

» On dit que Lekain, quand il récitait ce vers, appuyait sur chaque mot, comme pour rappeler à Hermione toutes les circonstances de l'ordre qu'il avait reçu d'elle. Ce serait bien vis-à-vis d'un juge ; mais quand il s'agit de la femme qu'on aime, le désespoir de la trouver injuste et cruelle est l'unique sentiment qui remplisse l'ame. C'est ainsi que Talma conçoit la situation : un cri s'échappe du cœur d'Oreste ; il dit les premiers mots avec force, et ceux qui suivent avec un abattement toujours croissant. Ses bras tombent, son visage devient en un instant pâle comme la mort, et l'émotion des spectateurs s'augmente à mesure qu'il semble perdre la force de s'exprimer. »

Hamlet , Macbeth , Manlius , Néron , le montrèrent s'élevant jusqu'au sublime de l'art , et dévoilant dans ces rôles des beautés jusqu'alors inaperçues. Cependant Napoléon n'était pas entièrement content de lui dans le rôle de Néron : « Je voudrais, lui disait-il , reconnaître davantage dans votre jeu le combat d'une mauvaise nature avec une bonne éducation. Je désirerais aussi que vous fissiez moins de gestes ; ces natures-là ne se répandent pas au-dehors , elles sont plus concentrées. »

On a vu successivement Joad , Sylla , Régulus , Bélisaire , Léonidas , Charles VI , représentés par lui avec la perfection , avec le sublime de l'art.

A côté de Talma , Melpomène avait placé aussi une tragédienne digne d'elle et de lui. Mlle Duchesnois , née avec l'enthousiasme de son art, formée aux leçons de Legouvé , a cette énergie de talent , cette verve inspiratrice sans laquelle on reste dans la médiocrité. Elle ne se soutient pas toujours également , ses transitions de voix ne sont pas toujours assez ménagées , mais comme elle exprime bien la passion ! Dans Phédre , par exemple ,

C'est Vénus tout entière à sa proie attachée.

Mlle Duchesnois est encore aujourd'hui , avec Lafond , le soutien de notre tragédie , qui a grand besoin de leurs efforts.

Maintenant , portons nos regards sur la favorite de Thalie , sur celle dont le talent séducteur donne tant d'éclat à la Comédie française. On devine que nous voulons parler de Mlle Mars , digne fille , digne émule de Monvel , qui réunit à-la-fois les dons de la nature et les secrets de l'art. Son organe est si touchant , si fin , si varié ! Elle saisit avec tant d'intelligence et rend avec tant de grâce toutes les nuances de ses rôles ! Quelle prononciation correcte et pure ! Quel débit animé ! Quel jeu fin , spirituel , léger , naturel ! Quel effet ne produisent pas ces mots

qu'elle jette souvent dans le dialogue , et qui semblent des
éclairs de sentiment et de vérité ! Avec elle , que l'ingé-
nuité a de grâce , que la coquetterie est aimable, que le
malheur est touchant ! On prétend , et tout semble le
prouver , qu'avec un esprit très-vif qui peut lui donner
d'utiles conseils , elle doit presque entièrement à des ins-
pirations l'inimitable vérité qu'elle montre dans ses rôles.
Un jour , assure-t-on, elle demandait des conseils à Monvel , qui , après l'avoir écoutée, lui répondit : « Que
veux-tu que je te dise ? Tu n'as pas besoin d'avis. Tu fais
bien ; laisse-toi aller à ton instinct : il te conduira mieux
que toutes mes leçons. »

Parmi les acteurs qui font encore aujourd'hui l'ornement
de notre scène, nous n'avons nommé que Mlle Mars, la
favorite de Thalie, Lafont, si brillant, si tragique dans plusieurs rôles, et qui , avec la tendre et sensible Duchesnois,
soutient avec éclat le sceptre tragique, et nous au-
rions pu ajouter à ces noms ceux de Michelot, qui conçoit
si bien ses rôles , de Gontier , de Lepeintre , si vrais, si naturels , si comiques , de Potier, qui mérita les suffrages de
Talma, etc. , etc. Mais nous aurons tant d'occasions de parler de ces acteurs, qui reçoivent chaque jour les applaudissemens du public, que nous pouvons passer à l'examen des
qualités nécessaires à qui veut se distinguer dans cet art.

Que de jeunes gens, au bruit des applaudissemens que
reçoit un acteur, des pleurs qu'il fait répandre , du rire
qu'il excite , des sentimens qu'il réveille à son gré dans nos
âmes, envient son sort, quittent même leur profession , et
cherchent à s'élancer sur la scène !

Mais qui a vu le derrière du rideau , qui a pensé aux
tribulations , aux peines , aux travaux , à l'étude qu'en-
traine et qu'exige cette profession , ne se laisse pas si facilement abuser. Pour quelques talens qui surgissent de la
foule , que de médiocrités végètent et roulent de tréteaux
en tréteaux ! Que l'on pense à la réunion des qualités natu-

relles et acquises qu'il faut à un comédien, et l'on se demandera si cette profession, si facile en apparence, n'est pas une de celles où il est le plus difficile de s'élever.

On veut d'abord, dans un comédien, les avantages extérieurs. On veut une belle figure, des traits au moins agréables, une physionomie mobile, animée; on veut une taille noble, élevée : un Agamemnon, un Achille de quatre pieds dix pouces sont, quoi qu'en disent Ligier et Firmin, des héros que le talent a bien de la peine à grandir, et dont le premier aspect est toujours défavorable.

Il faut une voix étendue, flexible, sonore, d'un timbre harmonieux, et qu'on ait eu l'art de cultiver ce don précieux de la nature, avec lequel on donne tant de nuances et de grâce au débit.

A ces avantages naturels, il faut joindre et l'aisance dans les mouvemens, et

La grâce qui vaut mieux encor que la beauté.

Il faut avoir une mémoire sûre, un goût exquis, une intelligence active, une âme qui s'identifie facilement avec les sentimens qu'exprime la parole.

Enfin, il faut avoir étudié l'histoire, puisque la scène en reproduit les principaux traits ; il faut avoir bien étudié le mécanisme de sa langue ; ne pas être étranger aux arts du dessin, qui apprendront à donner de la grâce au costume, à trouver de belles poses, et même à imprimer aux passions l'expression la plus belle et la plus vraie.

Il s'agit de créer un rôle L'acteur se pénètre profondément du caractère du personnage ; si celui-ci est historique, il doit aider le poète à rendre la vérité de ce caractère. Cependant, comme le poète fait penser et dire au personnage, non pas précisément ce qu'il a dit et pensé, mais ce qu'il a dû penser et dire, c'est à l'acteur à s'exprimer comme le personnage eût dû faire. C'est là le choix de la belle nature et le point important et difficile de la déclamation.

Après avoir bien saisi l'ensemble de son rôle, l'acteur doit l'étudier dans tous ses détails. Il doit, sur-tout, sentir l'intention de l'auteur, saisir ses belles pensées, les traits brillans qui impriment à un personnage une couleur dramatique, et les traits sublimes qui doivent frapper, transporter le spectateur, tels que le *qu'il mourût* du vieil Horace, et le *moi* de Médée.

Pour faire sentir davantage la nécessité d'une grande intelligence de la part de l'auteur, citons quelques exemples.

Mithridate, avec Xipharès et Pharnace, ses deux fils (acte II, scène 2), dit :

> Princes, quelques raisons que vous me puissiez dire,
> Votre devoir ici n'a point dû vous conduire,
> Ni vous faire quitter, en de si grands besoins,
> Vous le Pont, vous Colchos confiés à vos soins.

Par la manière dont Baron prononçait ces vers, il savait faire sentir son amour pour Xipharès et sa haine contre Pharnace. Il disait à Pharnace : *Vous le Pont*, avec la hauteur d'un maître et la sévérité d'un juge ; à Xipharès, *Vous Colchos*, avec l'expression d'un reproche sensible et d'une surprise mêlée d'estime, telle qu'un père tendre la témoigne à un fils dont la vertu n'a pas rempli son attente.

Un acteur vulgaire aurait pu dire avec l'accent de la menace ce vers de Pyrrhus à Andromaque :

> Madame, en l'embrassant, songez à le sauver.
>
> (Acte I, scène 4.)

Mais le même acteur y mettait l'expression pathétique de l'intérêt et de la pitié ; au geste touchant dont il accompagnait ces mots *en l'embrassant*, il semblait tenir Astianax entre ses mains, et le présenter à sa mère.

Dans ce vers de Sévère à Félix (*Polyeucte* , acte 5 , scène 6.)

> Servez bien votre Dieu , servez votre monarque.

Il permettait l'un et ordonnait l'autre avec les gradations convenables au caractère d'un favori de Décie, qui n'était pas intolérant.

Avec quelle profondeur, avec quelle connaissance du cœur humain Talma concevait ses rôles! Nous en avons déjà cité un exemple tiré de son rôle d'OEdipe. Ajoutons celui-ci : Phorbas arrive de Corinthe au moment où OEdipe vient de sentir naître des doutes sur sa naissance. Il lui demande un entretien secret. Les autres acteurs avant Talma se hâtaient de se retourner vers leur suite et de l'éloigner avec un geste majestueux. Talma reste les yeux fixés sur Phorbas; il ne peut le perdre de vue , et sa main agitée fait un signe pour écarter ce qui l'entoure. Il n'a rien dit encore , mais ses mouvemens égarés trahissent le trouble de son cœur ; et quand au dernier acte il s'écrie, en quittant Jocaste :

> Oui , Laïus est mon père, et je suis votre fils !

On croit voir s'entr'ouvrir le séjour du Ténare, où le destin perfide entraîne les mortels.

Talma doit encore servir de modèle dans l'expression du sentiment et des passions. Ici , quelle étude pour l'acteur ! Il ne lui suffit pas de savoir qu'il a à peindre la douleur , la haine, l'amour , il faut que l'expression en soit à-la-fois véhémente et noble, naturelle et entrainante : l'accent, le geste, le regard , tous les traits , toute la personne , doivent concourir à ébranler l'ame , à briser le cœur, à maitriser tous les sens des spectateurs. Voyez Hamlet qui a tiré le poignard que son père lui commande d'enfoncer dans le sein maternel..... Il va frapper; mais la tendresse et la pitié l'emportent. Hamlet se retourne vers l'ombre de son père : *Grâce! grâce! mon père!* s'écrie-t-il ; et dans cet accent toutes les émotions de la nature semblent à-la-fois s'élancer de son cœur. Manlius aime Servilius , et un billet fatal vient de lui révéler que son ami l'a trahi ! Il arrive , ce billet à la main ; il s'approche du coupable , que déjà le repentir dévore ; il lui montre les lignes qui l'accusent et prononce ces mots : *Qu'en dis - tu?* Cette physionomie , ce son de voix , peuvent-ils exprimer à-la-fois plus d'émotions différentes ? Cette fureur qu'amollit un sentiment intérieur de pitié , cette indignation que l'amitié rend tour-à-tour plus vive et plus faible , comment les faire comprendre , si ce n'est par cet accent qui va de l'âme à l'âme, sans l'intermédiaire même des paroles ?

L'amour, cette passion de tous les cœurs , est celle qui se reproduit le plus souvent au théâtre. Que Lafon sait bien en peindre l'ardeur, la vivacité , les effets , ses transports, ses emportemens, sa jalousie, dans Orosmane ! Et Phèdre! Comme Mlle Duchesnois sait exprimer les tourmens de cette passion brûlante et insurmontable, fatal présent des dieux , sentiment adultère qui triomphe de ses devoirs et de sa vertu ! Jamais le rôle de Phèdre ne fut plus profondément senti, jamais on n'en saisit mieux toutes les transitions , toutes les nuances ; jamais Hypolite ne fut aimé avec une ardeur plus vive.

Ces grands acteurs savent animer l'expression des passions par le jeu de la physionomie. L'agitation du cœur doit se montrer dans les traits du visage autant que dans l'accent de la voix. Heureux l'acteur dont les yeux et les traits sont susceptibles d'une expression vive et touchante! C'est là que les passions iront se peindre en caractère de feu. C'est de là que partent les traits qui nous pénètrent lorsque nous entendons dans *Iphigénie*.... « Vous y serez, ma fille ». Dans *Andromaque* : « Je ne l'ai point aimé, cruel , qu'ai-je donc fait? » Dans *Atrée* : « Reconnais-tu ce sang? »

« Mais, observe avec raison Marmontel, ce n'est ni dans les yeux seulement, ni seulement dans les traits, que le sentiment doit se peindre : son expression résulte de leur harmonie, et les fils qui le font mouvoir tiennent tous au siége de l'ame. Lorsqu'Alvarez vient annoncer à Zamore et à Alzire l'arrêt qui les a condamnés, cet arrêt funeste est écrit sur le front du vieillard, dans ses regards abattus, dans ses pas chancelans; on frémit avant de l'entendre. Lorsque Ariane lit le billet de Thésée, les caractères de la main du perfide se répètent comme dans un miroir sur le visage pâlissant de son amante, dans ses yeux fixes remplis de larmes, dans le tremblement de sa main. »

Le geste, d'accord avec la physionomie, est encore un moyen puissant d'expression. Il doit être facile, noble; c'est le sentiment, c'est un instinct naturel qui le donne, et l'on ne doit guère leur imposer de règles. « Les règles défendent, disait Baron, de lever les bras au-dessus de la tète; mais si la passion les y porte, ils seront bien : la passion en sait plus que les règles. »

Au reste, voici les défauts de gestes assez heureusement caractérisés par le père Sinoquet dans ses vers naïfs :

Sur-tout n'imitez pas cet homme ridicule
Dont le bras nonchalant fait toujours la pendule;
Au travers de vos doigts ne vous faites pas voir,
Et ne nous prêchez pas comme on parle au parloir.
Chez les nouveaux acteurs, c'est un geste à la mode
Que de nager au bout de chaque période;
Chez d'autres apprentis l'on passe pour galant,
Lorsqu'on écrit en l'air et qu'on peint en parlant.
L'un semble d'une main encenser l'assemblée,
L'autre à ses doigts crochus semble avoir l'onglée;
Celui-ci prend plaisir à montrer ses bras nus,
Celui-là fait semblant de compter ses écus.
Ici le bras manchot jamais ne se déploie,
Là ces doigts écartés font une patte d'oie.
Souvent charmé du sens dont mes discours sont pleins,
Je m'applaudis moi-même et fais claquer mes mains;

Souvent je ne veux pas que ma phrase finisse
Avant que pour signal je ne frappe ma cuisse.
Tantôt quand mon esprit n'imagine plus rien,
J'enfonce mon bonnet qui tenait déjà bien ;
Quelquefois, en poussant une voix de tonnerre,
Je fais le timbalier sur le bord de ma chaire.

Il nous reste à dire quelques mots de l'attitude, des poses différentes et des mouvemens imprimés au corps. L'acteur qui cultive son art avec distinction ne néglige point cette partie essentielle. La scène étant un tableau animé, tout doit y être pittoresque, tout doit y offrir la belle nature. Les attitudes et les poses auront donc la noblesse, la grâce, qu'on s'étudie à leur donner dans la peinture et la statuaire, et, en observant les ouvrages des artistes célèbres, l'on se formera le goût à cet égard.

C'est en portant à un haut degré ces différens effets de l'art, que l'acteur pourra parcourir sa carrière au milieu des applaudissemens publics. Alors il disposera à son gré de toutes les émotions, alors il subjuguera jusqu'aux acteurs qui l'entourent sur la scène. Ainsi, quand Talma, jouant à Lyon le rôle de Mahomet, vint à prononcer ces mots :

. . . . Téméraire !
On devient sacrilége alors qu'on délibère,

Il vit l'acteur chargé du rôle de Séide, soudain intimidé par sa voix et son accent imposant, s'incliner involontairement au bruit de sa voix de tonnerre...... N'est-ce là le plus beau triomphe de l'art !

ANACHRONISMES ET ERREURS SINGULIÈRES
De quelques artistes.

Il est assez curieux, et il peut ne pas être inutile, de citer quelques-unes des idées bizarres et singulières, et quelques anachronismes qui se remarquent dans les productions des Beaux-Arts , même dans celles de quelques artistes qui ont parcouru leur carrière avec gloire.

Le Tintoret , dans un tableau représentant les Israélites ramassant la manne dans le désert, arma les Hébreux avec des fusils.

Un tableau du Guide , placé au maître-autel de l'église de la Trinité à Rome , est aussi bizarre que ridicule. Le peintre a voulu exprimer le mystère de la Sainte-Trinité ; voici comment il s'y est pris : d'abord il a représenté le Père éternel en chappe, les bras ouverts au milieu d'une gloire de petits chérubins ; le Saint-Esprit, placé directement au-dessous de la barbe de Dieu le père , semble descendre sur la tête de Jésus-Christ, qu'on voit attaché à une grande croix , qui pose en bas sur un globe , délicatement soutenu par de petits anges.

Cet artiste a représenté la tentation du premier homme; et, comme il est dit dans *la Genèse* que le serpent qui séduisit Eve lui parla beaucoup, le Guide a donné au serpent une tête de femme.

Le Rosso , ou maître Roux, a fait trouver des moines aux noces de la Vierge.

On voyait, autrefois , à Tours, un tableau où la Vierge était occupée à dire ses heures devant un crucifix, un ange était auprès d'elle, récitant son chapelet.

Un autre artiste a été plus loin : chargé de peindre un

saint Joseph ; pour faire entendre qu'il était menuisier,
il s'avisa de le représenter occupé à fabriquer un confes-
sionnal.

Le tableau du maître-autel d'une des églises de Capoue,
peinte par François Chello delle Puera, et qui représente
l'Annonciation, offre des choses assez plaisantes. La Vierge
est assise dans un beau fauteuil de velours à crépines d'or,
au milieu d'un escalier où se passe la scène ; un chat et
un perroquet sont à ses côtés ; auprès d'elle on voit encore
une cafetière d'argent de forme moderne, dans laquelle
chauffe vraisemblablement du thé ou du café.

Lorsque les peintres traitent le sujet de *l'Annonciation*,
ils se contentent de couvrir l'ange Gabriel d'une légère
draperie jetée au hasard. Mais, s'il est ridicule de peindre
cet ange presque nu, il ne faut non plus imiter certains
artistes qui, pour éviter les idées profanes qu'on pourrait
concevoir à la vue d'un jeune homme aimable seul avec
une fille et jeune et belle, se sont imaginés de donner à
Gabriel des cheveux blancs et une barbe vénérable. D'autres ont eu la simplicité de le représenter avec une chappe, une étole, une mitre, et de figurer des croix sur ce
vêtement. Paul Mathéis, artiste italien moderne, a peint,
dans un tableau de *l'Annonciation*, la Vierge à genoux sur
un prie-Dieu ; à côté d'elle, sur une chaise, sont des
ouvrages de modes qui ne pourraient convenir qu'à une
coquette ; il a représenté aussi un chat qui regarde la
Vierge avec la plus grande attention.

On a observé que Paul Véronèse mettait des chats et des
chiens dans la plupart de ses tableaux.

Dans leur tableau de la *naissance de Jésus*, quelques-uns
de nos peintres gothiques, non contens de faire voir le Sau-
veur entre un âne et un bœuf, selon l'usage reçu, se sont
encore avisés de représenter l'âne pieusement à genoux, et
dans l'attitude de braire, comme s'il adressait son hommage
à l'enfant divin.

Lanfranc, ne craignant pas de manquer au costume et à la vraisemblance, a peint aux pieds de Jésus, encore enfant, un des pères de l'église en surplis.

Paul Véronèse, dans son tableau des *Noces de Cana*, introduisit parmi les convives des religieux bénédictins du couvent pour lequel il travaillait.

Croirait-on qu'on a même vu un peintre représenter un confesseur, le crucifix en main, exhortant le bon larron.

Sur les murs du Campo-Santo, vieil édifice destiné à la sépulture des habitans de Pise, on voit des peintures à fresque fort anciennes, qui peuvent donner une idée des sujets traités par les peintres gothiques. Dans ces tableaux bizarres, la mort est une femme vieille et laide qui vole avec des ailes noires, et tient une faux ; une foule de gens de tous rangs, princes, papes et mendians, sont renversés pêle-mêle sous ses coups, et les anges tirent les ames de la bouche des bons, lesquelles sortent sous la figure de petits enfans. Mais ce qu'il y a de plus comique, c'est le combat d'un ange et d'un diable, en faveur d'un gros moine ; ils le soutiennent en l'air, et chacun tirant de son côté, ils le déchirent en pièce plutôt que de lâcher prise.

La sculpture, aussi bien que la peinture, offre ses anachronismes et ses singularités.

Avant et après le renouvellement des arts, les sculpteurs gothiques imitèrent souvent d'anciens bas-reliefs, et firent de ces copies l'usage le plus ridicule. On voit avec la plus grande surprise, les tombeaux des premiers chrétiens avoir pour ornemens différens attributs du paganisme, un sacrifice à Bacchus, une bacchante, etc.

Certain sculpteur, réparant le bas-relief d'une châsse de l'empereur Galien, conservé dans la ville de Mattei, s'est avisé, faute de connaître les anciens usages, de ferrer le pied qui manquait à un cheval. Ce qu'il y a de plus plaisant, c'est que le savant Fabretti, très-versé dans les antiquités grecques et romaines, et dont nous avons plusieurs livres remplis d'une érudition immense, n'étant point instruit de la restitution faite à l'ancien bas-relief, l'a regardée comme une preuve incontestable que, du temps de l'empereur Galien, les chevaux étaient ferrés comme ceux de nos jours.

Il ne serait pas difficile de multiplier ces exemples, et d'en trouver même dans les ouvrages de nos contemporains. N'a-t-on pas vu, à la dernière exposition', certain *S. Michel terrassant le diable*, où l'artiste a été si naïvement bizarre et ridicule ?

SINGULARITÉS DES BEAUX-ARTS.

Par un excès de modestie, les anciens artistes grecs n'osaient, en mettant leur nom au bas de leurs productions, assurer que l'ouvrage fût achevé. On trouve, en effet, sur des statues grecques : *Glycon d'Athènes faisait cet ouvrage*, *Praxitèle faisait cet ouvrage*, etc. En craignant de se servir du prétérit (*fecit*), ils reconnaissaient qu'il n'y avait point d'ouvrage si accompli auquel l'on ne put ajouter quelques nouvelles perfections.

Non-seulement ils avaient le soin d'inscrire leurs noms, mais la plupart mettaient aussi dans leurs tableaux une espèce d'écriteau qui en indiquait le sujet. Nous apprenons, par l'exemple de Pythagore, que long-temps après que l'on eut commencé à jouir d'un nouvel éclat, ils plaçaient au bas de chaque figure le nom du personnage qu'elle représentait.

Les peintres gothiques, renchérissant sur ces artistes, imaginèrent de faire parler leurs figures; ils faisaient sortir de leurs bouches de longs rouleaux d'écriture, où on lisait ce qu'elles étaient censé devoir dire, et ce qu'elles représentaient. Dans l'ancienne maison de Lévi, qu'un généalogiste avait imaginé de faire descendre de la Vierge, on conservait un tableau qui représentait un des ancêtres de la famille, à genoux devant la mère de Dieu, laquelle a un rouleau sortant de sa bouche, sur lequel est écrit : *Levez-vous, mon cousin.* Un autre rouleau sortant de la bouche du gentilhomme, porte ces mots : *Je suis dans mon devoir, ma cousine.*